I.S.B.N.: 978-84-697-6946-1
Impreso en España

UNO
EDITORIAL

unoeditorial.com
info@unoeditorial.com

El jardín
de las ideas
desordenadas

JOSÉ LUIS BARRAJÓN LLORENTE

El pasado es más rápido que tú, siempre termina por alcanzarte, lo importante es aprender a convivir con él.

JOSÉ LUIS BARRAJÓN LLORENTE.

A Mati, mi fiel compañera de viaje.

Cuidada reflexión

Es verdad que a veces miento intentando parecer ser de metal cuando en realidad soy de carne y hueso.

Y es muy probable que a veces no seas capaz de escuchar lo que digo, ya que en ocasiones no digo nada para no ser descubierto.

Soy capaz de hacer de mi abrigo un refugio colmado de deseos, que tape mis vergüenzas y mis pecados.

Tanto si me coloco el antifaz como si descubro todas mis cartas, me sentiré diminuto pero satisfecho porque haré caso a mi corazón.

Intento ser muy preciso cuando expongo cuales son mis necesidades y estoy seguro de que hay alguien más ahí fuera que en su búsqueda está indeciso, al igual que lo estoy yo.

Yo buscaré saber quién soy realmente, ya que hay voces que me riñen y me provocan diciendo que para mí nunca estoy, y puede que me esté perdiendo parte de este mundo entre sollozos.

Que cuiden de mí es lo único que a veces pienso, con la ilusión renovada de un esqueleto en tiempo pretérito.

Que cuiden de mí en cuanto finja ser quien no me corresponde ser.

Que cuiden de mí cuando me separe un poco de mi aparente coherencia ante la vida.

Y que cuiden de mí cuando finja que no me duele pensar en tantas cosas que he perdido.

Procuro que las penas no formen parte de mi persona, pero, si se adhieren sin pretenderlo, las junto y las dejo que se críen todas de una vez.

Solo cuando tengo el coraje suficiente, respiro hondo e intento salir a redescubrir quién se encuentra al mando de la situación y se atreve a dirigir mi cuerpo.

Bajo una atmósfera de calor estudiado y comedido, que hasta consigue que me duerma en una oscuridad placentera, quiero más y me prometo encontrar la paz añorada.

Vuelvo atrás en mi pensamiento y retrocedo para ver cómo era antaño y busco una sincera voz que me recuerde parte de los viejos misterios, como que soy parte de este mundo.

Cuidar de mí es lo único que espero de esa voz.

Cuidar de mí es todo lo que me gustaría dejarte hacer.

Cuidar de mí, aunque aún no te he preguntado qué es lo que quieres hacer tú.

Voy a fingir que ya no me importa tener miedo a poder desaparecer.

A VECES

A veces me apetece levantar los brazos y mezclarlos con el aire.

Hacerlo con la misma euforia con la que la intensidad de sonido de una canción va creciendo.

Elevarme por la atmósfera y volar como notas musicales, notas de canto que se esparcen acompasadas de palabras bonitas.

Es un momento mágico que me consuela y reconforta, algo que llega a mí como una brisa pacífica.

A veces me apetece echar un vistazo por la ventana y contemplar almas que transitan por la calle.

Observar multitud de ojos ir de un sitio a otro sin dejar de ser invisible para ellos.

Espiar las sombras de mil corazones que, al igual que el mío, laten con cautela.

Buscar en la oscuridad un sonido especial que encienda todas las luces e ilumine todos los posibles caminos que puedo tomar.

A veces me gustaría domesticar el océano escribiendo, domarlo línea a línea con deseos de bienestar.

Fabricar un mapa que me ayude a encontrar el camino de regreso cuando todo concluya.

Contemplar cómo avanza una ola que arrasa cualquier temor que pueda tener y me deje sin palabras pero con sonrisa.

A veces me gustaría dar un único grito que me desgarre por dentro y me deje en la más absoluta calma. Permanecer en ese submundo que tantas veces me ha proporcionado un estado de seguridad infinita y al que me he acostumbrado con facilidad.

A veces me gustaría no tener indecisiones que me hacen repetir una y otra vez el mismo movimiento mientras la música no se detiene.

Poder andar durante un instante a cámara lenta saboreando las cosas buenas que tan rápidamente suelen desaparecer.

Poder viajar en el tiempo sin esas pesadas sombras que siempre han estado luchando entre sí.

A veces me gustaría no tener que permanecer en el crepúsculo de una mañana sin poder avanzar por falta de ilusión, preguntándome quién tiene el control absoluto de la situación y sabiendo que dentro de mí hay hueco para que los sentimientos también puedan viajar junto con mi cuerpo.

A veces la vida se pone algo difícil, tarde o temprano todos perdemos algo querido; enigmática razón la que nos da fuerzas para seguir adelante, incluso arriesgando nuestra fe en lo desconocido.

A veces me doy cuenta lo que nos cuesta aprender de nuestros errores, tener que escuchar tantas y tantas palabras vacías que no dicen nada y que dañan con tanta precisión.

Darse cuenta de que vivías en una dulce amargura y que cada último suspiro era el más difícil.

Querer entrar en comunión con un ciclo inacabado que controla todo.

A veces me doy cuenta de que si el sentimiento es puro no debo tener miedo a no poder controlarlo.

Ilusiones y esperanzas que son como un resplandor que aterriza delante de mis ojos y me ciega.

Demasiadas ideas que se mueven con celeridad y que siempre están en mis pensamientos e incluso acaban con una lágrima.

Girar la cabeza cuando estoy navegando en mi imaginación y encontrarme con alguien familiar que siempre está dispuesto a sostenerme sin esperar comisión.

Entonces es cuando a veces me doy cuenta de que todos necesitamos a alguien que cuide de nosotros.

Buscando mi destino

No contengas mi respiración, déjala que busque las estrellas, déjala que vaya donde quiera, que busque su camino aunque sea espinado.

Buscará su estación, su hogar, me mantendrá despierto, sosteniéndome y haciendo que todo lo que gira en torno a mí sea más fácil de comprender.

Incluso cuando me quede encerrado en algún laberinto, ella sabrá guiarme hasta encontrar la salida.

Solo tengo que creer en mí, creer porque soy como un fuerte muro que ningún lobo salido de algún cuento derribará.

Claro que encontraré tristeza, sentimientos compartidos, gente perdida y gente olvidada, pero sabrá guiarme.

Y ahora, mientras llegan hacia mí imágenes salidas de una divina comedia, perdono y sigo mi camino, escogiendo tan solo lo que no me quiera intoxicar, saltaré obstáculos, correré cuando sea necesario y mi muro seguirá en pie.

Decidida intuición la que me dirá en cada momento lo que debo hacer.

Y, si me canso, paro, me siento y tomo aliento.

Y, si me siento desbordado, me detengo, me tumbo y miro al cielo.

Ese cielo que se congela ante mí haciéndome sentir diminuto e invitándome a querer esconderme.

Pero al mismo tiempo, bajo su manto, me siento recon-fortado. Me permite ver más allá de lo que unos simples ojos pueden abarcar, me anima a seguir adelante, a levantarme de nuevo y observar lo que me rodea, a aprender con cada paso que doy y crecer en mi interior.

Desde lejos, guíame.

Así que no contengas mi respiración, al menos por ahora, permíteme también saborear el dulce azúcar del azar, aun-que sea efímero, pero necesito saber lo que se siente al per-cibir toda la gama de colores mientras mi muro siga en pie, alto, poderoso, orgulloso, latiendo.

Y si me canso me sentaré, y, si me hieren, intentaré buscar soluciones, y, si me duele, cierro los ojos y respiro hondo para taponar hemorragias.

Tras una breve pausa me pongo de nuevo en pie, prosigo camino por mi sendero mientras no pierdo con la mirada ese cielo que parece girar en torno a mí y me contempla esperan-do mi próximo movimiento.

Y me creo el centro del universo y me pregunto por qué.

No encuentro respuesta ante las numerosas cuestiones que me invaden, pero, inexplicablemente, confío en mí y sé lo que tengo que hacer.

Mantenerme aquí en pie, no tengo que entender nada, solo respirar, ir encajando las piezas y, si me canso, sentarme y descansar.

Desde que te conozco

Sin poder apartar mis ojos de ese lugar y del mismo modo que un amanecer enriquece una mirada, contemplo la belleza con la que tantas veces soñé.

Es como una paleta de colores que te hace llorar al combinarla de manera adecuada.

Demasiado complicado retener tantas emociones dentro de mí.

Un gesto corporal que acompaña el movimiento de tu cabeza me hace sentir mágicas sensaciones aderezadas con sonrisas.

Derrito el hielo con solo elevar mis labios y me adentro en un jardín de pasión y locura, en un agujero de sueños reales.

Simplemente me dejo llevar sumergiéndome en tu profundidad que me hace ser mejor persona.

No necesito echar mano de mi imaginación para estar más cerca de ti.

Arrojo las armas al suelo mientras no dejo de contemplar tu rostro.

Vienen a mí tantos relatos inacabados que intento evitar que mi ilusión salga corriendo por culpa de viejas historias en tiempos remotos.

Deseo poder estar por aquí mucho tiempo y me niego a ver de golpe lo que oculta el horizonte, quiero descubrirlo poco a poco.

Porque aunque la tristeza siempre empuja, este mundo ahora gira perfecto, mantiene juntas todas mis promesas y soy consciente de que nada de lo que soy o quiero ser es lo que conocía antes de llegar tu.

Y lo nuevo es difícil, pero no por complicado deja de ser auténtico.

Porque la mía es una persecución llena de confianza y no quiero despedirme de una noche como esta después de haberte encontrado a través de los tiempos.

Nuestros momentos son como palabras que se transforman en tesoros cuando son leídas.

CAMBIO DE RUMBO

¿Cuántas veces has deseado no querer pasar ni un instante más arrancando hojas en blanco?

¿Acaso no hubieras entregado un trocito de ti a cambio de no sentirte solo?

¿Cuántas veces buscaste sonrisas cómplices a la vuelta de cualquier esquina?

Huir hacia adelante dejando tras de ti tantas noches de infortunio.

Conseguir un amanecer que no te dejara con la incertidumbre de un posible fracaso al terminar la jornada.

O, simplemente, conformarte buscando excusas para trasnochar coleccionando pies doloridos de tanto caminar sobre terrenos complicados.

¿Y por qué no intentar cambiar el rumbo de tu vida?

Confiar en que el compás de esa música que escuchas sea el adecuado para seguirle sin condiciones.

No pensar una vez más que lo que viene después es necesariamente peor de lo que ya conoces.

Rozar con tu imaginación un trocito de ese sueño tan difícil de alcanzar para un mortal como tú.

No tener que seguir forzando una sonrisa cada vez que te veas reflejado en un espejo.

No caer rendido a los pies de tu cama como si fueras un trofeo abandonado.

No querer estar siempre en primera fila y a la cabeza de todo sin nadie que te sujete por detrás.

¿Por qué no cambiar ese rumbo e ilusionarse con la facilidad suficiente para que todo esto que te rodea adquiera la condición de real?

Controlar cada paso que des como si fuera el primero, con la cautela de un principiante, pero con una ilusión infinita.

Porque sabes que uno solo de los pensamientos que a veces acuden a ti cura más que cualquier medicamento adquirido en una ocasional farmacia de guardia.

Y únicamente volver a querer estar solo durante un segundo cuando la magia regrese, cuando algún día vuelvas a hablar de caballeros y dragones, feliz como si fueras un niño en tiempo de juegos.

Cuando rompas esa coraza de conformismo que ajustaba con pegamento y de la cual ahora tienes la opción de deshacerte para siempre.

Y cada mañana no tendrás la duda de si aquel antiguo mundo volverá, un mundo que siempre estuvo colgando de un hilo, un solitario hilo que en cualquier momento se podría quebrar.

Únicamente un solo segundo más en solitario, esta vez para disfrutar del sabor de la victoria.

Desde mi ciudad

El tiempo, esa extraña variable que nunca se detiene, ese tesoro que no debes dejar escapar o perderás un trocito de ti.

Circunstancias que transforman tu vida para siempre y que no te permitirán volver a ser la misma persona.

Arrastrados a modificar sin dejar de sentir.

Cierra los ojos por un instante y sueña, imagina, desconecta el piloto automático de tu ilusión y fija un nuevo rumbo en el que creer.

Y, aunque esta vida a veces duela, piensa que no estás atrapado en una diminuta isla.

Poderosa afirmación la que nos dice que mil heridas aplacan la furia de cualquier gigante, pero quizá cuando llegue la noche una nueva idea dentro de ti puede surgir.

Sabes que nunca estarás seguro del todo, pero también tienes ganas infinitas de intentarlo, de agarrarte fuerte a tu almohada, sentarte sobre el viejo cerro de tu barrio y observar ese fuego latente que nunca se apaga e ilumina tu ciudad, esa ciudad donde antaño correteabas y creciste.

Y ya no tendrás esa urgencia por huir.

Y aunque la noche estará llena de riesgos y peligros, tu ilusión te hará más intrépido.

Esta noche los falsos ídolos serán derrotados.

Esta noche simplemente haremos las cosas bien.

Encontraremos la manera de ofrecérnosla como tributo a nosotros mismos.

Repasaremos los momentos irrepetibles de nuestras vidas que siempre nos han acompañado.

Y esta noche todo lo imposible será posible ante tus ojos.

Tú cree en ti como lo hago yo y esta noche... quizá podamos detener el tiempo.

ADOLESCENCIA

Poderosa razón la juventud cuando quieres verlo todo y cuando crees saberlo todo.

Época maravillosa en la que piensas que la vida es un juego y tú no tienes la mínima intención de dejar de jugarlo.

Nunca antes has estado aquí y te sientes como un colonizador de tiempos antiguos, un pionero dentro de tu propio ser.

Qué curioso que desde el interior de tu cristal de seguridad desees experimentar un poco de peligro, ese cristal secreto que nadie conoce y sobre el que tú construyes cada día tus sueños de adolescente.

Te ves cada día como un ser diferente, a veces descolocado, buscando su sitio en un nuevo planeta, pero con una energía infinita.

Agazapado entre miles de sombras, esperas tener tu oportunidad reivindicativa.

Qué espectacular etapa en la que podrás dejar de escuchar, pero nunca perderás tu voz, aunque los sonidos que llegan desde fuera sean mágicos y se transformen en consejos eternos.

Cada día tus motivos serán más costosos para los que conviven contigo y tus movimientos parecerán ser más perezosos para los que te quieren.

Indecisión, temor, valentía, dudas que tus opiniones sean lo suficientemente interesantes para ser tenidas en cuenta, pero las expones en actitud desafiante.

Qué simplicidad tan grande y, al mismo tiempo, tan dura, cuando todo lo que hay que saber de la vida se reduce a aquello que te hace sentirte feliz piensas.

Mágica descoordinación de ideas la tuya, por la cual a veces escuchas cuando nadie habla y hablas cuando nadie te atiende.

Posición defensiva desde tu pequeña atalaya en la que puedes agitarte sin llamar la atención y desde donde muchas veces prefieres disfrazarte antes que leer un libro que hable de ti.

Esperaste un tiempo que se te hizo eterno para ponerte este traje que tan bien te sienta y cuán interesante te hace ante el mundo.

Rechazas aplausos de un público entregado al cual haces reír y sufrir a la par con tu enigmático ritmo, público a quien tus sentidos perciben como una amenaza.

Nunca te condecorarán con la medalla de la cautela y de la discreción.

Desde tu trono de príncipe heredero, cada día emprendes un viaje nuevo hacia lo desconocido, quemas etapas por infinitos caminos y vas eligiendo entre las muchas opciones que los reflejos de la luz que llega hacia a ti te permiten escoger.

Incomprensión, muchas son las veces que te han visto hablando con sirenas varadas en una isla desierta.

Te pierdes haciéndote el despistado que mira escaparates.

¿Cuántas veces te acercaste a los límites de tus realidades? Fronteras que con solo acariciarlas se quebraban en mil consecuencias.

¿Cuántos días te has dicho que no tenías que hablar contigo mismo? Solamente escucharte, fingir por no querer ser tan vulnerable delante de tanta gente, intoxicarte simplemente por estar despierto.

Pero tanta vida tiene demasiado potencial y cientos de pájaros te acercan el viento consigo, un viento que le repite a tu corazón que puedes con todo, que esta noche un nuevo beso en forma de sms acariciará tu mejilla, con la posibilidad que en uno de esos mensajes encuentres una canción para ti, y, mañana, cuando despiertes, seguirás especializándote en sacar conejos de la chistera.

Porque es verdad que la ignorancia y el desconocimiento son atrevidos, pero sin exploradores como tú el mundo sería otro.

Tú eres más

Cuando veas tu aliento querer escapar como jamás lo hubieras imaginado y tus sentidos te digan que no puedes encontrar tu fe, querrás hacer que tus labios vuelvan a posarse en el sabor del cálido amor sin tener la sensación de estar palpando hielo.

Da rienda suelta a tu imaginación e inventa un cuento de hadas que hable de ti. Puedes ser la protagonista de una historia en la que tu corazón no se quiebre por falta de tiempo, o simplemente ser una heroína que se ayuda a sí misma.

Y es que la gente comete errores llenos de misteriosos callejones sin salida.

Puede que esta vez tengas en tu mano esa bola de cristal con la que intentar divisar un horizonte en un día nublado, corrigiendo esperanzas abatidas por flechas que no tienen tiempo de pensar a quien hieren.

Así que ahora guarda con llave esa mirada, o destiérrala como a un traidor antes de volver a comenzar.

Pídete perdón a ti misma y transforma este instante en algo que posiblemente siempre tuviste ganas de hacer, pero nunca la fuerza ni el valor necesario.

Olvida cuando tu cabeza descontrolaba y se ponía a recordar rostros sin memoria y terminabas exhausta al pensar en tantos ídolos caídos, aunque tus manos no paraban de acariciar su silueta.

Nunca tuviste la confianza suficiente en que creciera y sin embargo lo veías verde sin apenas regarlo cada día.

Sonreías y contemplabas su mente como algo superior, viviendo a su sombra, una sombra imposible de atrapar.

Pero, a veces, nos ciega el sol y puede que tú vivieras al margen de todo, sobre otro plano, y quisiste mantenerte al otro lado de la línea con la esperanza de comprender algún día el mecanismo de la felicidad, el retorno a días mejores.

El gran sueño es ahora, cógelo y arrástralo a tu reformado hogar, bésalo y guárdalo antes de que, de nuevo, las estrellas se vuelvan a ocultar debido a la amenazante luz del astro rey.

Hagamos que ese maltrecho y dolorido corazón se recupere, se haga más grande al alimentarlo con otro tipo de ilusión, y puede que encuentres esa comprensión donde siempre soñaste que estaría.

Melancólico lugar

A través de ese cristal que no permite ver lo que hay al otro lado, envejeces sin remedio después de mil días ejerciendo de ermitaño.

Aunque conozcas todos los atajos como la palma de tu mano, estás cansado de andar por campos vacíos y caminas con el convencimiento de que no eres una persona perfecta, que la vida es un aprendizaje constante y tú estás en primer curso.

De vez en cuando te permites el lujo de sentarte a la orilla de un lago y compruebas cómo por dentro te sientes incompleto.

Cansado de vivir como un autómata, esperas descubrir una historia diferente, o simplemente detenerte a reflexionar dónde fueron a parar todas las cosas simples, cosas sencillas, incluso diminutas, que construyen trozos enormes de tu personalidad y son las que realmente importan.

Impaciencia letal la que te empuja a encontrar rápidamente un lugar con el que siempre soñaste, un lugar donde en vez de finalizar comenzara todo.

¿Te imaginas que existiera un lugar que tú sólo conocieras y al pensar en él sonrieras?

Donde no tener que seguir vagando sobre coronas de espinas, un lugar donde poder quitarte esa segunda piel.

Poder perderte a través de las páginas vacías de un libro, rellenarlo con todas esas palabras que alguna vez resonaron en tu cabeza en forma de felicidad.

Encontrar una razón al final de ese arcoíris monocromático, una sola razón para empezar cada nuevo proyecto sin echar de menos tu antigua casa de hielo.

Mansión privada en la cual irías cerrando cada habitación que va quedando tras de ti para, en la última de todas, quedarte plácidamente dormido y recuperar o, simplemente, rogar a los dioses, como si fuera una noche pagana, que te permitan secar todas esas lágrimas que nadie puede ver y te permitan mitigar todos los lamentos con los que has vivido cada día.

Ya que vivir de esa manera debe matar al instante.

También podrías entrar en un paraíso cuyas puertas estaban atrancadas para ti, mientras observabas el mar que estaba herido de muerte y se desangraba bajo tus pies.

Aunque creo que tu única ilusión por el momento es encontrar un refugio en el que simplemente se te permita poder estar y descansar sin tener que lamentar que otro día desaparece, y sin tener que contemplar otro árbol caído cuya savia te observa mientras se derrama.

Con lo complicado que es confiar en alguien y permitir que se te acerquen. Si un día tienes un segundo, dímelo, estaré encantado de entrar en tu pequeño mundo y de buscar contigo un lugar que te ofrezca ese merecido descanso, ya que sé que aún no has tenido tiempo ni de quitarte las piedras de dentro de tus zapatos.

Tan solo niños

Buscas aventuras eléctricas, a ser posible, varias al día. Usas todo tu ingenio y te crees invencible aunque no tengas patrocinador.

Vuelas sobre tu bici, mientras observas toda la tierra que va quedando atrás, bajo unos pies incansables que con su movimiento superan la velocidad del sonido. Todo el lastre de un complicado día de escuela se va quedando por el camino.

Darías tu vida por ser el más importante.

Darías tu vida por no tener que detenerte jamás.

Y de nuevo, en plena felicidad, vuelves a romper el cristal de otra ventana.

Ruido de regañinas que anuncian sentimiento de malestar en tu hogar, cabeza agachada y castigo asumido.

Ojos humedecidos que suplican a tus dioses que no te abandonen, que no te abandonen ahora porque sería cruel.

Sigues con agitación todas las conversaciones, incluso las que vienen de otro planeta.

Te publicitas ante el mundo sin parar de hablar.

Y únicamente piensas si algún día podrás hacer lo que ellos hacen, si tu cuerpo evolucionará.

Aunque digas lo que piensas, no les harás cambiar de opinión; juzgan mal tus límites y sabes que ellos te van a reprobar cuando les mires orgulloso y te creas con las respuestas en tu poder.

Incluso te mirarán a la cara como si no te conocieran y una vez más tendrás que disculparte, aunque tú sepas que eres válido para ese papel.

Ojos inquietos que le piden a tu imaginación que no te abandone, que no te abandone ahora porque sería cruel.

Tratas de ocultar tus hazañas cubriéndolas con mentiras.

Vuelas cometas por el cielo deseando alcanzar su altura y, por la manera en que te mueves, el viento te tiene envidia.

Manos pegajosas de dulces caramelos que agarran todo sin cesar.

Eres una caldera a presión cargada de furia y gritos cuando te enojas.

Pero, cuando te ven sonreír y feliz como un niño en una función de circo, haces que quieran abrazarte y retenerte con ellos para siempre.

Sigues los mismos pasos de tu gemelo progenitor, con una dulzura y admiración difíciles de poder describir.

Encaprichado de todo y dueño de una empresa en plena expansión, marcas tu territorio con aparente naturalidad, pero con estudiado objetivo.

Erizado felino que atraes como el mar a un viejo pescador y haces que te quieran acariciar a pesar de los bufidos.

Tu mundo es una fantasía en donde todo es posible y cualquier obra de teatro puede ser representada.

Cabello revuelto por el aire, niño por tiempo definido, no te vayas aún, no me abandones ahora porque sería cruel.

Camino compartido

Bienvenido a mi planeta de los sueños donde las puertas están siempre abiertas para ti, hace algo de frío bajo esta llovizna, pero iremos bien abrigados para evitar escalofríos inesperados.

Ahora comencemos con el ritual de iniciación y no creas que esta vez el tiempo se detendrá en tu reloj.

Como mucho, haremos una parada para comprobar que esto no es una locura de caminantes invadidos por el único objetivo de hacer camino.

Llevaremos la maleta del pasado y estará cargadísima de versos incompletos.

Y aunque tu boca no me sonría, intentaré encontrar en ti una mirada de complicidad que me demuestre que te reconoces.

Y haré que el mundo esté a tu altura.

Si es necesario, volaré de noche para no ser visto.

Tú solo tienes que trazar un viaje por el tiempo, intentando encontrar una estación que quizá esté muy próxima, donde podamos guardar nuestros secretos, o simplemente quedarnos otra noche despiertos como hacíamos antaño.

Porque desde hace ya algún tiempo te buscan todos los agujeros negros, y te pasas las horas apostando la vida entre cristales de colores, como si esperaras que regresaran aquellos bonitos días de colegio llenos de miradas que parecían rebelarse creyendo que en ese reino todo era felicidad.

Agazapado en la memoria, pensaré en quién se quedó con tu ilusión, quién te arrojó en busca de nuevas tormentas.

Quién te hizo pasar un par de horas con el catecismo inadecuado mientras sabías que ya no existían templos dorados que te protegieran.

Pasabas horas en tu barquito de papel, mientras el aire que respirabas tenía aroma a moral.

Nunca creí que esas fueran las puertas de tu realidad y ahora no quiero que suene el despertador por si te pierdo de nuevo.

Yo me quedo en el calor de la quietud, como si observara el nacimiento del sol por última vez, compartiendo nuestros caminos, nuestras penas y nuestras dichas.

Y al girar nuestras cabezas, cuando nuestras miradas se encuentren, la sensación de soledad se alejará derrotada.

Amigo que siempre estuviste a mi lado, ahora vengo yo a tu rescate, al igual que tantas veces tú ejerciste de hermano mayor conmigo, hermano que no de sangre, y sin embargo, siempre estarás a mi lado en nuestro particular libro de familia con tu nombre grabado en letras de oro.

El último beso a la vida

Siempre fui consciente de que toda vida tiene un principio y un final, quizá sea la verdad más absoluta que exista.

Da igual si te encuentras en soledad o rodeado de multitud, algún día nos tocará partir a todos.

Destino con eterna incógnita que tanto nos preocupa y al que observamos con cara inocente.

Eternos filósofos de enseñanzas sencillas, incluso ahora que me encuentro enfermo y se acerca mi final, estaré feliz al recordar tantos inventos de rostros hermosos que pude contemplar.

No puedo acercarme más a ti para que me consueles, pero me siento tremendamente halagado por tu amor sin condiciones hacia mí y por haber sido tu mejor amigo.

Razonables temores los que ahora llegan a mí y hacen que me dé cuenta de que, después de tantos años vividos, solo era un humano más con un idéntico final en común.

Animal de sangre caliente, invitado de honor de numerosas recepciones, ahora, cuando añoro el pelo de juventud y mis manos tiemblan al teclear mi último capítulo, me maravillo de tantas situaciones vividas a lo largo de estos años, en posesión de corona y cetro sin haber llegado a rey.

Transición dolorosa que quema y entumece cualquier estómago, quizá si creyera en algo podría rezar y elevar una plegaria para conseguir una prórroga por tiempo indefinido, podría regresar a mi hogar, a casa contigo, volver a tocar tu pequeño rostro y entonar mi canción preferida una vez más.

Redimirme de mil pecados en estado sólido, salidos de la nada, que siempre me acechaban y no me permitían crecer.

Como un viejo amigo mío decía "el pasado es más rápido que tú, siempre termina por alcanzarte, lo importante es aprender a convivir con él".

Tú y yo lo conseguimos juntos, fuimos familia, creamos vida.

Y algún día, cuando el dolor se calme, te acordarás de mí acariciando una fotografía y no necesitaré más para descansar tranquilo.

Simplemente estaremos siempre juntos y volveremos a darle un beso a la vida desde algún balcón de Paris.

Entre tú y yo

Intento camuflar la escena con bromas y carcajadas y así disimular mis dudas y mis nervios.

Pero cuando estamos juntos y a solas es como si construyéramos una fortaleza inexpugnable a nuestro alrededor que hace que pierda cualquier tipo de vergüenza y pueda mostrarme tal y como soy sin tener que aparentar para agradar, para ser aceptado en su particular club social.

Me haces sentir un todo completo vistiendo cualquier tipo de prenda.

Siempre imaginé una situación así con alguien como tú, que fuera capaz de compartir su tiempo conmigo interesándose por cómo soy y no por las medallas obtenidas, los títulos estudiados o mis gustos por amores marcados como prohibidos.

Rejuvenecer con cada conversación que tengo contigo y no tener que coserme a mi camisa un trozo de tela que anuncie a los cuatro vientos que prefiero un arcoíris antes que un rojo pasión.

Sentirme feliz y alegre con tan solo saber que me tienes en cuenta cada noche al dormirte.

Ahora sé que, por muy lejos que estés de mí, siempre habrá algo que me unirá a tu persona; adoro tu trato natural hacia mí, cuando lo triste es que algunos indignos me traten como antinatural.

Por mucho tiempo que pase congelado en mi mundo de hielo, siempre habrá sentimientos y secretos que compartiré contigo.

Y todas las palabras que juntemos entre tú y yo se unirán para crear un nuevo universo; un universo de magia y comprensión.

Me acercas las montañas solo con una mirada, y, siempre que estoy a solas contigo, la sensación de libertad es total por todo mi ser.

Qué situación más emocionante pasar esos pequeños ratos robados al tiempo junto a ti, me haces volver a ser inocente dentro de un mundo de sobresaltos y culpabilidades.

Por muchos días que pasen sin estar o saber mi interés por ti no hace más que aumentar, fiel amigo de gafas progresivas y bastón con bufanda.

Como nuestro primer día juntos en la tierra, complicidad inmediata, era como si te quisiera desde hacía siglos y simplemente te contemplaba por primera vez.

Y todas las conversaciones que desde entonces hemos tenido entre tú y yo se juntarán para componer un mundo compartido, un mundo que me encanta cuidar entre los dos.

EN SILENCIO

Contemplando una fuente de hielo con la mirada ausente de tu realidad, le pides a tu mente que borre y destruya eso tan doloroso, que corte de una vez esa cuerda que te mantiene unido al techo y te deje libre.

Te preguntas demasiadas veces donde está el equilibrio entre ser amable y chillar.

Y guardas una vez más todos tus *tickets* antiguos en el bolsillo de tu chaquetón, por si algún día el revisor de turno te los reclama.

Triste, como un amor al que concedías todo y que desaparece de repente, te sientes como una hoja seca que ya no se puede agarrar a su origen por más tiempo, que se deja caer de espaldas sin esperanza, mientras contempla cómo se va alejando de su antiguo hogar, con desesperación lenta y pausada.

Cierras los ojos y observas cómo se destruyen todos los puentes que tan fuertes se sostenían antaño.

Te repites que todo está bien, mientras tu razón demuestra una madurez incompleta.

Sientes cómo los muros que te rodean te acusan solamente a ti, e incluso finges que nadie lo sabe, que nadie lo entendería.

Te has planteado mil veces si lo único que eres es tiempo, piña desprovista de sus frutos que sirve como adorno para florero otoñal, y has aprendido a llorar sin derramar ni una lágrima.

Fuerte como un roble y, sin quererlo, necesitas apoyarte en alguien, una mano que te sostenga cuando tocas fondo, cuando flotas en sentido contrario al viento, cuando tu ilusión se desvanece a través de la luz.

Un latido en tu interior te dice que no quieres hacer nada tú sola, que hasta el monumento y la ciudad más bella del mundo es menos interesante si no se comparte con alguien, te apetece dejar de bailar algún día entre charcos de barro.

Y apenas has tenido tiempo de preguntarte por ti misma, preguntarte si lo que haces te apetece realmente hacerlo o es un trabajo fin de carrera indispensable para doctorarte.

Ahora que prácticamente tienes localizadas todas las piezas que te causaron tanto dolor, te niegas a escuchar de nuevo cantos de sirena, renuncias a volver sobre tus propios pasos, y te alejas en silencio.

Denuncia universal la que tu mirada transmite a todo el mundo, no agaches más la cabeza, vístete con el traje del valor y que sean otros los que se sientan culpables por sus acciones.

Lo que tú digas

Puede que no sea suficiente todo mi esfuerzo, todo mi amor, toda mi admiración por ti.

Puede que no llegue a las aspiraciones de futuro que tienes creadas para mí, incluso aunque fuera un chico perfecto y diplomado en educación.

¿Cómo puedo ganarme tu confianza?

¿Cómo puedo ganarme tu comprensión?

¿Acaso obteniendo el primer puesto en el concurso de los desheredados?

Y mantenerme siempre sonriendo para un público entregado, ¿verdad?

Ser un muchacho ejemplar, matrícula de honor en verbos irregulares, trabajar más duro cada día, aunque no sea el elegido para salir en el equipo titular.

Asumir que el túnel que has diseñado para mí es el más seguro y rápido, porque las montañas no pueden atravesarse por ningún otro lugar.

Siempre estar a la altura de las circunstancias, elegir cada día el discurso políticamente correcto, que puedas presumir de traje y que pasees orgulloso el escudo familiar.

Pero... ¿y si no lo consigo? ¿Si no llego a ser lo que has escrito en tu cuaderno de bitácora que debo ser?

¿Si mi corazón me dice que me libere de ataduras y haga caso a otro consejero?

Me agobiaré, me sentiré culpable, tardaré en dormirme cada noche por acostarme con el pijama de traidor.

Con todo lo que tu linaje de rango imperial ha hecho por mantenerse a la vanguardia... ¿verdad?

Tendré que callarme la boca una vez más, observar y asentir a tus decisiones como una marioneta ocasional.

Está bien, seré buen chico y me esforzaré mucho más, aunque para ti, coloso inalterable, nunca sea suficiente.

Estarás orgulloso de mí, no opinaré, no dejaré que mis sentimientos se encaminen hacia una batalla perdida de antemano, no será necesario convertirme en estatua de piedra con tu mirada.

Y quizá si soy realmente bueno, también lo serás conmigo, me permitirás sentarme en el asiento delantero junto a ti.

Y asumiré que todo es por mi bien, que veinte años después, mi billetera y un majestuoso chalé de diseño te dará la razón, aunque el tejado sea de cartón.

Total, ¿qué problema tengo? Los chicos no deben llorar.

Comenzaré ya a seguir la línea que has trazado para mí con el único objetivo de hacerte feliz, para que me lleves en tu cartera en forma de fotografía irreal.

¿Me querrás entonces aunque no sea perfecto?

Juntos

Si pudieras por un momento apoyar tu cabeza en mí, dime cómo lo harías.

Si te despiertas rozando una parte de mi piel, explícame qué sientes.

O, simplemente, empieza a mentir haciéndome creer que esto es real.

Porque mi cabeza ya no para de pensar, y no quiero renunciar a estos pensamientos que tan bien me hacen sentir.

Mi imaginación estalla, te pinta perfecta entre un millón de opciones y, son tantas las cosas que destacar de ti, que termino antes susurrando tu nombre.

Ahora ya eres una necesidad, saltaría un abismo si supiera que me sigues, y, aunque mañana mismo todos me llamen loco, les miraría a la cara con orgullo diciendo que me siento cuidado porque te llevo conmigo a todas partes.

Y puede que solamente sea un tonto con cara de felicidad, pero esta felicidad hace que mi tontería cobre sentido.

No te vayas nunca y sostenme cuando tropiece y pueda caer.

Vamos juntos de la mano.

Porque solo hay unos cientos de defectos tuyos que amo y quiero imitar.

El viaje

Deseo comenzar este viaje con tranquilidad, repasar los cauces que me guiarán a través de una vida llena de retos, desafíos y rompecabezas para cualquier ser provisto de sentimientos que adquirió al nacer.

Sentado en mi trono favorito repasaré e imaginaré tantos y tantos momentos que me acompañarán a través de esta aventura.

Mientras lo planifico con ilusión desde mi jardín de las ideas desordenadas, una mosca se apoya en mi hombro y le permito que abuse de mi hospitalidad.

A una distancia prudencial para los dos, un pájaro juega a lo alto y ancho de mi preciado patio trasero y me doy cuenta de que se quiere hacer notar, disimulo que no lo veo y asimilo su contoneo que llega hasta mí en forma de bellos movimientos.

Estaré tentado de seguir a engañosos ídolos que pasearán junto a mí, al igual que un fantasma novel lo hace entre una multitud de entes extraños para él.

Escucharé voces que me susurrarán al oído y me invitarán a seguir su seductora estela de sonido.

Descubriré lapidarios textos compuestos únicamente de papel y tinta que me despistarán por momentos y asaltarán mi corazón.

Chismosas estatuas de sales, desprovistas de humor y cargadas de mucho rumor, retumbarán dentro de mí como delicadas campanillas de sonido incansable.

Gente con mágico rostro interior me ayudará a comprender mejor el significado de ciertas conductas cuya comprensión a mí se me escapa.

Es mi travesía, esta que riega mi alma, sin saber aún el final que esta vida puede deparar. Con desasosiego o con esperanza, extraño dilema este para afrontarlo en solitario.

Me cruzaré a mi paso con cientos de porqués y, en muchos de esos cruces, mi corazón me pedirá que me detenga y escuche al silencio, que intente observar la realidad con ojos neutrales.

Tendré que considerar en ciertos momentos si merece la pena andar en busca de otra puerta por la que poder pasar o si, por el contrario, parar y reposar dentro de mi círculo de seguridad por falta de fuerzas.

Tendré que soportar muchas veces cómo nos atemorizan con una amplia gama de colores y cómo afloran en mí tantas dudas a lo largo de mi corredor cuando su calzada me invita a soñar.

Quiero ubicarme en una preciosa sala de ámbar sin temor a lo que me pueda encontrar, quiero perderme con mi imaginación, aprender de mil libros y siempre comprender conmigo.

Será muy difícil adivinar cuánto equipaje necesitaré llevar en este viaje, complicado colocar tanta carga sobre mi espalda sin que se mueva y, más difícil aún, saborear cualquier tipo de victoria que me pueda encontrar si no estoy completamente seguro de querer conseguirla.

Pero de lo que estoy absolutamente seguro es de querer iniciar esta odisea.

La niebla

Hay una niebla densa en este lugar y esforzándome mucho puedo observar a una mujer que se insinúa a lo lejos, se deja querer.

Me siento a una distancia prudencial y comienzo a jugar con la arena, a jugar con mi suerte, intentando que la marea no consiga tocarme.

En mi cabeza nace una idea. Si pudiera, te regalaría la luna pienso.

Al final de la tarde, cuando comience a anochecer, lo intentaré, caminaré por ese camino pedregoso y la cogeré para ti.

Y bajo la oscuridad, si consigo acariciarte, daré gracias al druida que me entregó la pócima para llegar hasta ti.

Parece que nos conozcamos de toda la vida y, sin embargo, otros necesitan toda una vida para demostrarse que son válidos.

¿Qué me he perdido durante todo este tiempo que estuve sin ti?

Quizá demasiadas cosas preciosas para enumerar, pero una suave brisa me trajo junto a ti y me dio un interminable beso en la mejilla.

Ahora la niebla se va disipando, ya puedo ver bien, esa mujer ya me hace sonreír, me hace sentir feliz, toma las riendas de un caballo que se creía indomable.

Me siento sobre la arena y dejo que las olas me atrapen con furia.

Mientras, la miro cuando ella no me ve. Si pudiera, te regalaría esa estrella pienso.

Al final de la tarde, cuando comience a anochecer, lo intentaré, caminaré por ese camino pedregoso y la cogeré para ti.

Y bajo la oscuridad, si consigo besarte, beberé de esa poción mágica para retener por siempre ese instante.

Ahora entiendo el enigma, hace mucho tiempo que nos conocemos sin ni siquiera habernos visto antes.

No sé si es un sueño, si es algún tipo de fantasía, si es alguna extraña aventura que tenía que suceder, pero es parte de nosotros, parte de nuestra historia y está sucediendo ahora mismo.

Amor de coral

Un viejo jarrón azul de cristal para unas flores amarillas de plástico clavadas sobre un corcho.

Es todo lo que ella compró en un falso bazar.

En una ciudad llena de falsos sueños, simplemente para evadirse de sí misma, para huir de su propia realidad.

Vida de ficción marcada porque todo lo que la rodeaba era de atrezo, decorado perfecto.

Y eso a ella la está consumiendo por dentro, eterna afligida de mirada triste y engañosos sueños.

Cada día está más débil para cumplir las normas impuestas al nacer.

Vive con un chico descubierto por casualidad, gigante que ante ella se viste con pies de barro.

Caballero desarmado y sin escudero leal.

Un hombre con corbata de plástico que necesita muy pocas señales de conductas caprichosas para desmoronarse y dejar de ser él.

Orgulloso prestidigitador que presumía de hacer magia, trucos e ilusiones para la gente años atrás.

Pero la realidad siempre se impone y eso a él le está debilitando, le descompone en materia inerte.

Los dos se consumen.

Siempre la vio como algo real, incansable viajera que provenía de otro mundo, pero al alcance de su corazón.

Miradas con sabor a ternura, nunca imaginó que sería un falso amor de coral.

Y aun así, es imposible dejar de sentir lo que siente por ella, explosión de emociones que no puede evitar.

Podría volar como un ser etéreo, explorar nuevas islas llenas de intrépidos bucaneros, atravesar un muro fabricado de hormigón, pero solamente puede girar su cabeza y taparse los ojos con sus manos para no ver su terrible realidad.

Y se deprime, se anula como persona, amargura sublime que le deteriora sin piedad y no permite la ayuda de ningún doctor.

Sin esperanza, tristeza absoluta.

Si tan solo por un instante pudiera recuperar el papel principal, ser ese chico a quien un día ella buscó.

Ese chico a quien dijiste querer, a quien amabas todo el tiempo entre locuras ocasionales y juegos de libertad, que hicieron de aquellos días joyas de la realeza conservadas para la eternidad.

Sintonía muy delicada para un chico como él, que siempre vivió de sus ilusiones.

Sinfonía muy complicada para una chica como ella, que siempre vivió con sus ilusiones.

Guardianes de ti

Dicen que a veces te han visto pensando en voz alta.

Se escucha que nadie comprende lo que dices entre sollozos.

Comentas que tampoco tú entiendes lo que quieren decir sus palabras.

A todas horas contemplas gente pasar frente a ti, gente despistada a quien el tiempo se le escapa entre los dedos, pero te dan aburridos consejos.

Mientras, tú deseas escuchar otra canción distinta a la que estás acostumbrado desde hace mucho tiempo, cambiar la melodía y la letra y que no te hagan bailar con el mismo ritmo de siempre.

Melodías que no intenten construir un único pasillo hacia tu corazón y simplemente te permitan experimentar otra clase de sentimientos.

Te espera un futuro traicionero e incierto, estarás inevitablemente expuesto a vivir entre zarzas, y crees que jamás te permitirán sembrar otro tipo de plantas que puedan dar flor.

Y simplemente susurras que, cuando decidas partir, lo único que deseas es que afuera de tu nuevo mundo todo esté correctamente colocado para ti, que las butacas que ya estaban reservadas para el espectáculo se vuelvan a poner a la venta para representar un nuevo *show*.

Encontrar un sendero por el cual, mientras caminas, se te pueda observar a distancia, permitiéndole a la brisa que te roce cuando comiences a subir escalones.

Has pasado mucho tiempo buscando cuál era el siguiente peldaño y, cuando estabas condenado a pasar tu vida esperando en el porche, aparecieron sueños en forma de gota de agua y permitieron brotar nuevos tallos.

Transformarás ese desierto en un campo germinal.

Y ahora te plantas bajo esa prometedora nube con descaro y sonríes, sentado sobre la piedra filosofal haces un paciente reposo convencido de que llegará el sol y, al mezclarse con el agua todo dejará de ser un camino árido.

Y aquellos obsoletos guardianes de madera con banderas de papel, que tenían un montón de palabras nuevas para ti, bajaran sus armas y se rendirán ante la evidencia.

Ahora serás tú quien les permitirás a ellos marchar.

Un sueño

Muéstrame como haces ese gesto con tu cara, ese que me hace esbozar una sonrisa, ese que hace que me vuelva loco por ti, enséñame como consigues mantenerme a todas horas pendiente de tus palabras y haré un juramento ante tus dioses para ir a buscarte y escaparme contigo esta noche donde nadie nos encuentre.

Jugando con el peligro me arrodillo frente a ti y admiro tus manos mientras tu dueño nos observa desde la lejanía con aire triunfal.

¿Por qué nunca puedo llegar hasta ti? Me pregunto una y otra vez mientras invento poemas de verso libre.

Nunca sabrás lo mucho que te necesito, nunca sabrás mi verdadera realidad.

Eres la suavidad personificada, yo perdido y solitario.

Eres extraña y curiosa como una sirena que baila en mi profundo mar.

Pero eres igual que un sueño, eres mi sueño.

Un aire irrespirable me indica que debo salir de aquí después de haber estado hibernando durante meses.

Mientras pronuncio varios nombres, no dejo de correr a través de este corredor maldito intentando recordar.

Entonces me doy cuenta de que me encuentro cansado

después de tanto demostrar y el silencio de una casa deshabitada me trae el recuerdo de aquella añorada mujer.

Eras la suavidad personificada, yo aún perdido y solitario.

Y aun así eres un sueño, mi sueño.

Encuentro fortuito

Sobre una mesa, unos libros desordenados; sobre un sofá, una mujer de mirada perdida.

En el rincón más secreto de mis pensamientos, encuentro un corazón agazapado.

Tiene unas cuantas cicatrices de fieras batallas de un pasado cruel, nada que no se pueda sanar con cariño.

Hermoso velero que quizá algún día anduvo a la deriva.

Lo abriré muy despacio, casi sin querer.

Reagruparemos juntos los pedazos que encontremos sueltos.

Pero basta ya de lamentos, cambiaremos los planes que nos dieron al nacer y, aunque es imposible borrar lo que ya está escrito, podemos pensar que el pasado fue solamente un instante malo en la totalidad de una vida aún por descubrir.

Te pido disculpas por llegar tarde, disimulando como si no te observara, sintiéndome muy tranquilo a tu lado.

Me apetece danzar con el viento, seremos otros y te observaré desde dentro de tu espejo cuando te arrimes a él.

A partir de ahora nos sorprenderá la primavera cada día y recogeremos nuestras propias flores.

Iré destapando mi intimidad, incluso mis vicios inconfesables.

Sé que hay mucho camino por andar, pero las batallas con aliados son más sencillas de vencer.

Es como si fuera de nuevo un niño con la inocencia y curiosidad del que solo quiere estar.

No volverás a sentirte mal, solo búscame cuando te pierda.

Porque un mal día no será suficiente para hacernos retroceder.

Ahora cerraré los ojos, recostaré mi cabeza y soñaré con mil aventuras en las que seremos los protagonistas principales.

Ya no habrá frías mañanas en un solitario cuarto.

Tú ya has cambiado mi vida.

Rompiendo normas

Mira cómo rompo nuestra cuerda deshilachada.

Mira cómo construyo mis defensas alrededor de mí.

Mira cómo hago la guerra en mi fortalecida conciencia.

Mira cómo ya no prefiero callar.

Porque ya no encuentro ninguna diferencia entre reír o llorar, no encuentro motivos para estar aquí adentro medio desnudo y no quiero pasarme la vida poniéndome vendas cuando tengo la cura justo aquí conmigo.

Mira cómo construyo figuras en el aire.

Mira cómo mi corazón se desbloquea.

Mírame escapar de todos esos oscuros sitios que un día me acogieron.

Mira cómo huyo de esas arcaicas dictaduras.

Porque ya no sé qué hago aquí perdiendo mi tiempo entre cavernícolas de dientes de oro, y lo único que quiero es escapar volando, aunque no tenga alas, o salir corriendo aunque no tenga los zapatos adecuados.

Me guiaré por el brillo exterior y expondré a todo el que quiera mis simples razones.

Imagino que nacerá un nuevo ser con alma renovada de toda esta ilusión.

Y mañana finalmente encontraré la diferencia entre arriesgarse o esperar.

A MI MADRE

Inventaste un día mi nombre mientras mirabas al cielo, era un nombre común, pero tú sonreías por dentro.

Ahora debo ser fuerte mientras te vas de mi lado, sé que ya no me perteneces y las lágrimas caen sin control.

Recuerdo apoyar mi cabeza en ti, pasarme horas mirándote, mi heroína.

Tantas noches a los pies de mi cama esperando que yo me durmiera.

Ahora intento comprender qué pasó con tanta felicidad, por qué se tuvo que perder así.

Sé que debo seguir mi camino, intentaré encontrarlo algún día, miraré a tu cielo, es un buen lugar para empezar a buscarlo.

Es tiempo de respirar hacia dentro, tragarse la amargura, soñar en azul y no en gris.

Te echo tanto de menos cuando miro esa puerta.

Solo quiero verte un instante más, apoyar mi cabeza de nuevo en ti, soñar con tu sonrisa.

Y pensar qué es lo que sucede en ese cielo que ahora es tu hogar.

ÍNDICE

www.ingramcontent.com/pod-product-compliance
Lightning Source LLC
Chambersburg PA
CBHW032216040426
42449CB00005B/624